Quiero ser científico

Otros títulos de esta serie:

QUIER SER

científico

DAN LIEBMAN

A FIREFLY BOOK

Published by Firefly Books Ltd. 2016

Copyright © 2016 Firefly Books Ltd.

First Printing

Publisher Cataloging-in-Publication Data (U.S.)

Names: Liebman, Daniel, author. | Mlawer, Teresa, translator.
Title: Quiero ser cientifico / Dan Liebman ; translation by Teresa Mlawer.
Description: Richmond Hill, Ontario, Canada : Firefly Books, 2016. | Series: Quiero ser — | Summary: "A picture book for children who want to know how to become a scientist, what a scientist does, and what makes it fun" — Provided by publisher.
Identifiers: ISBN 978-1-77085-865-7 (paperback)
Subjects: LCSH: Scientists — Juvenile literature. | Science – Vocational guidance – Juvenile literature. | Spanish language materials.
Classification: LCC Q147.L543 |DDC 502.3 – dc23

Library and Archives Canada Cataloguing in Publication

Liebman, Daniel
[I want to be a scientist. Spanish]
  Quiero ser cientifico / Dan Liebman.
(Quiero ser)
Translation of: I want to be a scientist.
Translated by Teresa Mlawer.
ISBN 978-1-77085-865-7 (paperback)
  1. Science—Vocational guidance—Juvenile literature.
2. Scientists—Juvenile literature. I. Mlawer, Teresa, translator II. Title. III. Title: I want to be a scientist. Spanish
Q147.L5418 2016 j502.3 C2016-901159-3

Published in the United States by
Firefly Books (U.S.) Inc.
P.O. Box 1338, Ellicott Station
Buffalo, New York 14205

Published in Canada by
Firefly Books Ltd.
50 Staples Avenue, Unit 1
Richmond Hill, Ontario L4B 0A7

Photo Credits:

© Parisa Michailidis: page 5
© Photodiem/shutterstock.com: pages 6–7
© Abd. Halim Hadi/Shutterstock.com: page 8
© Phil Degginger/Alamy Stock Photo: page 9
© Andor Bujdoso/shutterstock.com: page 10
© Dragon Images/shutterstock.com: page 11
© Microgen/Shutterstock.com: page 12
© Allexxandar/Shutterstock.com: page 13

© Grant Heilman Photography: pages 14
© Grant Heilman Photography: pages 15
© St. Michael's College School: page 16
© science photo/Shutterstock.com: page 17
© Andrey Armyagov/Shutterstock.com: page 18–19
© Alexander Raths/Shutterstock.com: page 20
© michaeljung/Shutterstock.com: page 22, 23
© A and N photography/Shutterstock.com: page 21

The Publisher acknowledges the financial support for our publishing program by the Government of Canada through the Canada Book Fund as administered by the Department of Canadian Heritage.

Printed in China

Spanish translation by Teresa Mlawer

Hay diferentes clases de científicos. Los científicos que estudian las plantas y los animales se llaman biólogos.

Los biólogos marinos son científicos que estudian las plantas y animales que viven en el agua.

Los científicos buscan respuestas a preguntas como "¿Cómo luce un objeto cuando se magnifica?"

Los arqueólogos estudian el pasado. Excavan en busca de monedas, herramientas u otros objetos dejados por personas que vivieron hace muchos años.

Los geólogos estudian rocas para conocer acerca de los orígenes de la Tierra.

Los botánicos estudian plantas y flores.

Estos estudiantes observan un lagarto conocido como "dragón barbudo". Los científicos que estudian los animales se llaman zoólogos.

Los científicos también construyen robots. Esta científica estudia robótica.

Se necesita un científico astronáutico para enviar un astronauta al espacio.

Algunos astronautas son científicos.

Esto es un modelo de algo tan pequeño que solo se puede ver bajo un microscopio. Los científicos utilizan modelos para estudiar objetos.

Los científicos deben protegerse porque a veces su trabajo es peligroso. Esta científica usa gafas y guantes.

Los científicos siempre quieren saber más. A veces, comienzan como asistentes.

El trabajo del científico es muy importante. Los científicos son como detectives. Buscan respuestas a los problemas.

¿Qué clase de científico te gustaría ser? Aquí tienes una lista de lo que hacen algunos científicos:

Un antropólogo estudia el ser humano

Un arqueólogo estudia la vida en el pasado

Un astrónomo estudia el firmamento y los planetas

Un biólogo estudia los seres vivos

Un botánico estudia las plantas y flores

Un químico estudia los elementos químicos como el oxígeno

Un científico en computación estudia computadoras

Un entomólogo estudia los insectos

Un geólogo estudia las rocas

Un biólogo marino estudia las plantas y animales que viven en el mar y otras masas de agua

Un meteorólogo estudia el clima

Un paleontólogo estudia la vida prehistórica y los fósiles, incluyendo los dinosaurios

Un sismólogo estudia los terremotos

Un vulcanólogo estudia los volcanes

Un zoólogo estudia los animales